Michaela Holzinger • Saskia Gaymann

DER NASCHBÄR

Im Wald, da lebt ein besonderer Bär,
keiner liebt Naschen so sehr wie er.
Während seine Freunde toben und lachen,
träumt er von vielen herrlichen Sachen.

Er denkt an Dinge wie Honig und Ei,
Blüten und Knospen mit Minze dabei,
Tannenrinde, die schmeckt wie Schokolade!
Ja, dem Bären wird das Naschen nie fade.

„Ich esse hier und koste da,
Naschen ist einfach wunderbar!",
erklärt er seinen Freunden und lächelt dabei,
doch die rufen: „Wir spielen Verstecken. Los! Eins, zwei, drei!"

EINS, ZWEI, DREI…

Also versteckt sich der Bär, doch was ist da?
Ein Meer aus Waldbeeren, wie wunderbar!
Bloß hören seine Freunde, was für ein Schreck,
den Bären laut schmatzen in seinem Versteck.

„Naschbär gefunden!", rufen sie und kichern jetzt sehr,
das ärgert den Bären im Waldbeerenmeer,
aber dann fällt ihm etwas Wichtiges ein:
Als Naschbär ist er auf der Welt nicht allein!

Auch die Kuh nascht auf der sattgrünen Weide
am liebsten die Blumen von Bäuerin Heide.
Die schimpft daraufhin: „Lass das ja sein!"
Doch die Kuh denkt nicht daran und antwortet: „Nein!"

Der Fuchs lauert nachts vorm Stall im Garten
und träumt vom saftigen Putenbraten.
Bloß ahnt er nicht, bei all den Leckerbissen,
dass sich die Truthühner zu verteidigen wissen.

Das ist das liebste Pony, es heißt Pandu.
Es kann springen und hopsen und flitzen im Nu.
Doch hat Pandu eine große Marotte,
es beißt mit Geklapper in die Belohnungskarotte.

Das Huhn kann es kaum noch erwarten,
es will den Wurm aus Nachbars Garten.
Wäre da bloß nicht der Holzlattenzaun ...
Zum Glück kann es fliegen! Es muss sich nur trau'n.

Ein großer Tag, und alle wollen gratulieren,
dem Uhu, denn er ist beliebt bei den Tieren.
Nur die Katze schleckt heimlich und ohne viel Worte
die köstliche Creme der Geburtstagstorte.

Der Rehbock gehört zu den vornehmen Tieren,
doch kennt er bei Rosen keine Manieren.
Das ist auch der Grund, warum er vergisst,
dass er bei der Blumenschau Schiedsrichter ist.

Der Hund knabbert genüsslich an einem Knochen,
der ist riesig und hält bestimmt viele Wochen,
doch wo er ihn herhat, verrät der Hund nicht.
Er nascht lieber weiter und hält dazu dicht.

Zwar wirkt die Maus echt mickrig und klein,
doch lass sie nie mit dem Käse allein!
„Ich bin zwar nicht groß, dafür so was von schlau!",
piepst sie oben vom Käse und kichert frech: „Ciao!"

Und du? Kennst du das vielleicht auch?
Hast gern leckere Dinge in deinem Bauch?
Dann bist auch du ein Naschbär, kann das sein?
Falls ja …

ISBN 978-3-7074-2606-9
1. Auflage 2025
Text: Michaela Holzinger, vermittelt durch Beate Riess Literaturagentur, Freiburg
Illustration: Saskia Gaymann, vermittelt durch Paula Peretti Literarische Agentur, Köln
Lektorat: Anna Altzinger
Druck und Bindung: Grafisches Centrum Cuno GmbH & Co. KG, Calbe

© 2025 G&G Verlagsgesellschaft mbH, Frankgasse 4, 1090 Wien
produktsicherheit@ggverlag.at

Alle Rechte vorbehalten. Jede Art der Vervielfältigung, auch die des auszugsweisen Nachdrucks, der fotomechanischen Wiedergabe, der Einspeicherung und Verarbeitung in elektronische Systeme sowie Text- und Data-Mining sind ohne ausdrückliche Zustimmung des Verlages gesetzlich verboten. Gedruckt auf Papier aus geprüfter nachhaltiger Forstwirtschaft.

www.ggverlag.at